RACONTE-MOI...

La Déportation
dans les camps nazis

Préface de Marie José Chombart de Lauwe
Présidente de la Fondation pour la Mémoire de la Déportation

Texte d'Agnès Triebel

45

NOUVELLE ARCHE DE NOÉ ÉDITIONS
153, boulevard Haussmann – 75008 Paris
Tél. : 01 53 83 95 78 – Fax : 01 53 75 36 80
E-mail : nan-editions@wanadoo.fr
Site Internet : www.nan-editions.com

L'édition d'un manuel sur l'histoire de la déportation dans les camps nazis répond au souci de faire connaître un épisode particulièrement noir et hélas trop souvent ignoré de l'histoire de l'humanité.

*Ces camps, camps de concentration proprement dits, ou centres d'extermination destinés à donner la mort de manière « industrielle », sont l'expression d'un retour à la barbarie la plus extrême et en même temps la plus moderne, au cœur du XX*e *siècle.*

Il est important que tout être humain, et pas seulement ceux qui sont revenus de ces camps de l'horreur, sache ce qui s'y est passé et y réfléchisse, tant la connaissance du passé est nécessaire à la construction de l'avenir. Apprendre à déceler les idées et les faits qui sont signe de la renaissance du mal permet le plus souvent d'en éviter le retour.

La Fondation pour la Mémoire de la Déportation a encouragé et soutenu la publication de cet ouvrage pour permettre à de jeunes lecteurs de trouver les informations essentielles sur cette histoire : fondements doctrinaux, naissance puis développement du nazisme, mise au point de l'effroyable machine à broyer et à tuer que furent les camps de concentration et les centres d'extermination.

Dès leur arrivée au pouvoir, les nazis s'emploient à inculquer à la société allemande leur vision fondamentalement inégalitaire des hommes et des rapports entre les hommes, le mythe de la race supérieure, le racisme et l'antisémitisme obsessionnels d'Hitler, par tous les moyens de propagande à leur disposition, y compris les manuels scolaires.*

Bientôt le crime d'État, lâche et gratuit, devient la règle pour se débarrasser d'êtres dont l'existence est considérée sans intérêt pour la société, tels que les handicapés ou malades mentaux, assassinés dans les centres d'euthanasie.

C'est dans ces centres que sont mises au point et expérimentées les techniques de mise à mort par gaz qui seront appliquées à grande échelle pour l'extermination des Juifs et des Tsiganes.

Les hommes et les femmes qui, en Allemagne et dans les pays envahis et occupés, se lèvent avec courage pour lutter contre le nazisme, sont la plupart du temps dénoncés, capturés, torturés et relégués dans le système concentrationnaire. Leur mémoire doit être préservée : ils étaient des combattants de la démocratie et des Droits de l'homme, ils luttaient pour rendre possible un monde meilleur.

Lecteurs jeunes et moins jeunes, au-delà de ce livre et de ce qu'il contient, sachez que de nombreux témoins ont écrit ou enregistré le récit des atrocités qu'ils ont vécues ou observées. Ils vous lèguent cette mémoire en vous chargeant de faire vivre les valeurs pour lesquelles ils ont tenté de surmonter l'horreur des camps, pour que vous soyez vigilants contre les formes nouvelles d'exclusion, de racisme, de violence, et capables d'indignation quand l'homme est menacé dans ce qu'il a de plus sacré : sa liberté, sa dignité et sa vie.

Marie José Chombart de Lauwe
Présidente de la Fondation pour la Mémoire de la Déportation

Le 12 juin 1942, Anne Frank fête ses treize ans et reçoit pour son anniversaire un carnet. C'est dans ce carnet qu'elle écrira son journal, l'un des témoignages les plus bouleversants de la Deuxième Guerre mondiale et du destin réservé aux Juifs d'Europe.

« […] à trois heures, quelqu'un a sonné à la porte, je n'ai rien entendu parce que j'étais paresseusement étendue sur une chaise longue à lire au soleil, sur la terrasse. Margot est apparue à la porte de la cuisine. « Il est arrivé une convocation des SS pour Papa », a-t-elle chuchoté. […] Cela m'a fait un choc terrible, une convocation, tout le monde sait ce que cela veut dire, je voyais déjà le spectre de camps de concentration et de cellules d'isolement […] ». (Écrit le dimanche 5 juillet 1942, *Journal*, Anne Frank)

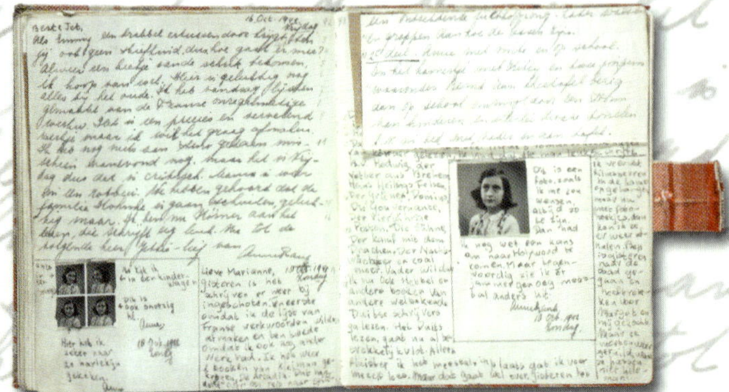

Anne Frank a tout compris de la violence et de la haine du système nazi. Le 6 juillet 1942, sa famille et elle entament deux longues années de vie clandestine, cachées dans l'annexe de l'entreprise familiale, située à Amsterdam. Dénoncés, ils furent tous arrêtés le 4 août 1944.

Déportée avec sa famille d'abord vers le camp de transit de Westerbork (Hollande), puis vers le camp de concentration et d'extermination d'Auschwitz (Pologne), le 3 septembre 1944, Anne Frank mourut au camp de Bergen-Belsen (Allemagne), en mars 1945, deux mois avant la fin de la guerre.

Ce *spectre de camps de concentration* est la tragique réalité qui existe depuis 1933, année de la prise de pouvoir par Hitler, et de l'ouverture des premiers camps de concentration nazis.

Bref historique…

▼ *La défaite allemande de 1918*

Le 11 novembre 1918, un armistice est signé entre l'Allemagne et les pays alliés (Grande-Bretagne, États-Unis, Serbie, Japon et France). La Première Guerre mondiale se termine. L'Allemagne est vaincue.

LE 11 NOVEMBRE 1918, À RETHONDES DANS L'OISE, LES REPRÉSENTANTS ALLEMANDS — ERZBERGER ET VON OBERNDORFF —, BRITANNIQUES — VANSLOW ET WEYMISS —, ET FRANÇAIS — LE GÉNÉRAL WEYGAND (*premier plan 2e gauche*) ET LE MARÉCHAL FOCH (*premier plan, 2e droite*) DESCENDENT DE LA VOITURE DE LA COMPAGNIE DES WAGONS-LITS N°2.419 D OÙ ILS ONT SIGNÉ L'ARMISTICE. LE MANUSCRIT ORIGINAL DE LA CONVENTION D'ARMISTICE SE TROUVE DANS LA SERVIETTE DU MARÉCHAL.

▼ *Le traité de Versailles*

Le 28 juin 1919, le traité de Versailles est signé et pèse gravement sur l'Allemagne, déclarée responsable de la guerre. Celle-ci doit payer de très lourdes réparations, et céder des territoires à la Belgique, à la France (l'Alsace-Lorraine annexée en 1871), au Danemark et à la Pologne. L'armée allemande ne doit pas dépasser 100 000 hommes et la rive gauche du Rhin lui est interdite.

Pour l'Allemagne, ce traité est qualifié de *Diktat** par les dirigeants, et ressenti par l'opinion comme une humiliation. Il favorise la montée du nationalisme dans les années 1920-1930 et le désir de revanche au sein de l'armée.

Après le départ de l'empereur Guillaume II, contraint d'abdiquer peu avant l'armistice de 1918, la république de Weimar est instaurée.

** Les mots suivis d'un astérisque sont expliqués dans le lexique page 46.*

▼ *Hitler accède au pouvoir*

Nazi *est l'abréviation en allemand de* National *Sozialismus : national-socialisme.*

La démocratie ne parvient pas à s'imposer au sein de la république de Weimar. Le 24 février 1920, Adolf Hitler prend la tête du parti national-socialiste allemand des travailleurs (NSDAP) dans une atmosphère de crise généralisée, politique, économique et sociale. Au début des années vingt, la monnaie allemande perd toute valeur. Aux réparations à payer, s'ajoutent la crise économique mondiale de 1929 et la montée du chômage.

Six millions d'Allemands se retrouvent au chômage, en situation de grande précarité. Dans ce contexte, il est facile pour le parti nazi de convaincre une partie du peuple allemand que seul Hitler pourra redresser la situation économique et sociale et effacer l'humiliation du traité de Versailles. En 1932, le parti nazi culmine avec 37 % des suffrages et devient le premier parti en Allemagne.

CHÔMEURS DEVANT LES LIEUX DE POINTAGE DES OFFICES DU SALUT PUBLIC, ALLEMAGNE, 1929-1932.

De gauche à droite : HITLER, LE MARÉCHAL HINDENBURG (PRÉSIDENT DU *REICH*) ET GOERING, LE 30 JANVIER 1933.

Le 30 janvier 1933, avec l'appui d'une partie de la droite et des industriels, Hitler est nommé chancelier*. La république de Weimar disparaît pour laisser la place au IIIe *Reich**, un empire qui doit durer mille ans… La démocratie est abolie.

▼ *La dictature nazie*

Un régime totalitaire s'installe : Hitler s'attribue tous les pouvoirs et se fait appeler *Führer* (guide). Il interdit les partis politiques autres que le parti nazi. La presse est censurée, des milliers de livres jugés dangereux sont publiquement brûlés (autodafés). La propagande officielle entretient jusque dans les programmes scolaires le mythe de la race supérieure, exalte la violence, la guerre, le racisme et l'antisémitisme. Les jeunes sont embrigadés dans « les jeunesses hitlériennes ». Des manifestations de masse, le jour comme la nuit, sont organisées pour impressionner la population.

Jeunesses hitlériennes

Autodafé de livres interdits organisé par les nazis, à Berlin, place de l'Opéra, le 10 mai 1933.

Tous ceux qui s'opposent à l'idéologie nazie, aussi bien sur les plans politique (communistes, socialistes, libéraux, syndicalistes) que philosophique et religieux (prêtres, pasteurs) sont pourchassés, arrêtés et envoyés dans des camps. Hitler entreprend le réarmement de l'Allemagne interdit par le traité de Versailles. Le nazisme est par essence un régime raciste : il va s'attaquer aux « êtres inférieurs » qui « souillent » la race (Juifs, Tsiganes) et aux « inutiles » (malades mentaux, handicapés).

Dans la seule journée du 5 mars 1933, 10 000 personnes considérées comme « ennemis de l'État » sont arrêtées en Allemagne. Le système concentrationnaire se met en place. Il fonctionnera pendant douze ans.

▼ *Une idéologie raciste*

L'idéologie nazie est fondée sur :

- La supériorité de la « race aryenne* » dont le peuple allemand serait le plus pur représentant et appelé à dominer les « races inférieures » (ou sous-hommes), partout dans le monde.
- La théorie de « l'espace vital » selon laquelle le peuple allemand doit conquérir des territoires à l'Est de l'Europe pour s'en approprier les richesses et en exploiter les peuples inférieurs.
- La haine des Juifs, désignés comme responsables de tous les maux de l'Allemagne.
- Le mépris des Slaves, « peuplades inférieures » qu'il faut asservir puis éliminer.

Sais-tu que...

Hitler faisait toujours le rapprochement entre les termes « slave » et « esclave ».

SS DEVANT UNE BOUTIQUE JUIVE PORTANT L'INSCRIPTION « *ALLEMANDS DÉFENDEZ-VOUS, N'ACHETEZ PAS CHEZ LES JUIFS !* ». BERLIN, AVRIL 1933.

Mein Kampf — *mon combat — est le livre écrit par Hitler, en 1924. Il y expose son idéologie et sa haine des Juifs.*

Jamais dans l'Histoire, un État n'avait annoncé ni décidé par la voix d'un chef élu que d'autres peuples seraient voués à l'esclavage ou la destruction. Dans son livre « *Mein Kampf* », Hitler développe ses idées et exprime sans ambiguïtés sa volonté d'exterminer les sous-hommes et en particulier les Juifs, ainsi que les inutiles et les indésirables jugés « biologiquement » impurs.

▼ *Les instruments de la dictature*

Pour atteindre leur but, les nazis ont recours :

- À la terreur organisée : grâce à la mise en place d'un appareil policier omniprésent, aux pouvoirs sans limites, dont la mission est de traquer les ennemis et opposants du régime, de les enfermer préventivement, souvent sur simple dénonciation, de les traduire en justice ou de les envoyer en camp de concentration. La Gestapo (*Geheime Staatspolizei*), police secrète d'État, en sera l'une des branches essentielles.

- Aux camps de concentration (*Konzentrationslager*, KL ou KZ en abrégé), lieux où sont regroupés et détenus — pour une durée indéterminée — des individus jugés dangereux pour la sécurité de l'État, ou bien considérés comme indésirables, à rééduquer ou à éliminer.

- À des lois d'exclusion : dès 1935 des « lois raciales » visant essentiellement les Juifs d'Allemagne sont promulguées*. Elles sont terrifiantes : interdiction des mariages entre Juifs et non-Juifs ; interdiction aux Juifs d'exercer la quasi-totalité des métiers (administration, armée, commerce, banque, agriculture) et confiscation de leurs biens ; expulsion des écoliers et des étudiants juifs des établissements scolaires et universitaires. Tout est fait pour contraindre les Juifs à l'exil en abandonnant leur patrimoine aux nazis.

La haine des Juifs se traduira par les lois de Nuremberg, bientôt suivies des violences préméditées et organisées de la « nuit de cristal » (9 au 10 novembre 1938).

Au cours de cette nuit-là, des centaines de commerces juifs et de synagogues sont saccagés et incendiés, et de nombreux logements de familles juives sont pillés ou dévastés.

Le bruit incessant de verre brisé des vitrines au cours de cette nuit lui vaut le nom de « nuit de cristal ».

Sais-tu que...

Après la « nuit de cristal » 32 000 Juifs sont arrêtés et internés à Sachsenhausen, Dachau et Buchenwald.

BOUTIQUE APPARTENANT À UN JUIF DÉTRUITE PENDANT LA « NUIT DE CRISTAL », LE 9 NOVEMBRE 1938.

Le système concentrationnaire

Le rôle des camps nazis est triple :

- Écraser la résistance politique en Allemagne et dans tous les pays occupés.
- Exterminer les Juifs et les Tsiganes.
- Exploiter jusqu'à la mort une main-d'œuvre déportée pour accroître la production de guerre allemande.

L'histoire des camps

L'histoire de cette abominable machine à anéantir et à tuer les hommes comporte trois périodes :

1933-1939 : instruments de la dictature en Allemagne

On enferme les gens pour sanctionner leur opposition au régime ou sur simple soupçon. Les camps sont destinés en outre à terroriser la population allemande et désignés officiellement comme des « centres de rééducation ».

APPEL ET FORMATION D'UN *KOMMANDO* DE TRAVAIL À DACHAU, 1936.

1939-1942 : *Les camps s'étendent dans l'ensemble du Grand* Reich

Chaque nouvelle conquête entraîne la création de nouveaux camps de concentration. Les opposants au régime nazi, dans les pays occupés, viennent accroître par milliers le nombre des détenus.

Pendant l'été 1941, est décidée l'installation des centres de mise à mort pour l'extermination des Juifs d'Europe.

1942-1945 : *Les camps nazis dans la guerre totale*

Les revers militaires, les pertes énormes en hommes et en matériel, les bombardements croissants des Alliés obligent l'Allemagne à mobiliser sur le front le maximum de soldats, main-d'œuvre qu'il s'agit de remplacer. Face à la Résistance qui s'affirme en Europe, la Gestapo envoie des centaines de milliers de déportés vers les camps de concentration où ils sont exploités jusqu'à la mort, notamment dans les usines d'armement allemandes.

Parallèlement, les Juifs sont dirigés soit vers les camps d'extermination où ils sont gazés dans les heures qui suivent leur arrivée, soit vers les « camps mixtes » (concentration et extermination) où les uns (une minorité) sont sélectionnés pour le travail, les autres pour la chambre à gaz. Les Tsiganes sont également victimes de cette politique d'extermination.

Sais-tu que...

La « solution finale* », c'est-à-dire la généralisation et l'accélération de l'extermination de tous les Juifs d'Europe à une cadence industrielle, est prise à Berlin le 20 janvier 1942, lors de la conférence de Wannsee.

▼ *Les camps de concentration*

Dès 1933, des camps sont installés dans toutes sortes de lieux, parfois insolites : des prisons, des forteresses, des casernes, mais aussi des usines désaffectées, des caves, des bâtiments administratifs, et même des bateaux ceinturés de barbelés. On les appelle les « camps sauvages ».

« … OÙ CHAQUE WAGONNET LES ACHEMINAIT VERS LA MORT »
MAURICE DE LA PINTIÈRE

Des prisonniers sont également envoyés à la frontière germano-hollandaise, dans une zone de marécages terriblement insalubre transformée en camps d'internement, appelés les « camps des marais ». Les deux premiers grands camps de concentration sont ouverts en mars 1933 : Dachau (près de Munich) et Oranienburg (près de Berlin). Les camps de concentration (ou camps de la mort lente) doivent permettre de regrouper chacun de 10 000 à 20 000 détenus.

Le Chant des marais* *est écrit en 1933, dans un des premiers camps installés dans les marais, par un mineur, Johan Esser, mis en forme par un poète, Wolfang Langhoff, et en musique par Rudi Goguel.*

Loin vers l'infini s'étendent
De grands prés marécageux
Pas un seul oiseau ne chante
Sur les arbres secs et creux

Ô terre de détresse,
Où nous devons sans cesse
Piocher, piocher, piocher.

Dans ce camp morne et sauvage
Entouré de murs de fer
Il nous semble vivre en cage
Au milieu d'un grand désert

Ô terre de détresse,
Où nous devons sans cesse
Piocher, piocher, piocher.

Bruits de pas et bruits des armes
Sentinelles jours et nuits,
Et du sang, des cris, des larmes
La mort pour celui qui fuit

Ô terre de détresse,
Où nous devons sans cesse
Piocher, piocher, piocher.

Mais un jour dans notre vie
Le printemps refleurira
Liberté, liberté chérie
Je dirai « tu es à moi »

Ô terre enfin libre,
Où nous pourrons revivre,
Aimer, aimer, aimer.

Tout y est fait pour humilier, casser, déshumaniser l'être humain. Ils sont généralement situés dans des endroits coupés du monde par des forêts ou des marécages. Les prisonniers construisent eux-mêmes leur camp, dans les pires conditions de travail et de brutalité. Ils doivent défricher ou assécher le terrain — souvent à mains nues, car les outils manquent —, installer des kilomètres de conduites d'eau et d'électricité, construire les « miradors », les villas des officiers, les casernes des gardiens SS, les bâtiments administratifs, les cuisines, les écuries, la porcherie, les chenils pour les chiens dressés à donner la mort, l'entrée du camp, les chambres à gaz (dans les camps qui en sont munis), les fours crématoires (destinés à brûler les cadavres des détenus), et les baraques — les *Blocks* — où ils vont « vivre ».

«…Où chaque tronc d'arbre leur semblait une trop lourde croix»
Maurice de la Pintière

▼ *Les camps d'extermination*

Les camps d'extermination, où sont envoyés les Juifs et Tsiganes d'Allemagne et des pays occupés, sont de véritables centres de mise à mort. Par familles entières, les déportés sont immédiatement envoyés dans des chambres à gaz ayant l'apparence de douches ou dans des camions spécialement aménagés. Les nazis appliquent à grande échelle les techniques de mise à mort expérimentées dans leurs hôpitaux psychiatriques transformés en «centres d'euthanasie*» où les malades mentaux et les handicapés étaient assassinés par gaz. Les nazis appelaient cela donner une «mort miséricordieuse».

Des chambres à gaz sont aussi construites dans d'autres camps. Elles permettent d'éliminer des malades irrécupérables ainsi que des détenus épuisés et incapables de travailler. Elles servent parfois à liquider discrètement des prisonniers de guerre et des résistants.

Le château d'Hartheim (Autriche) est un centre d'euthanasie. Des milliers de handicapés physiques et mentaux ainsi que des résistants y seront assassinés.

Le plafond de la chambre à gaz de Mauthausen

En Pologne :
Treblinka (env. 800 000 morts)
Sobibor (env. 200 000 morts)
Belzec (env. 550 000 morts)
Chelmno (env. 150 000 morts)
Birkenau (plus d'1 000 000 de morts)
Maïdanek (env. 50 000 morts)

Source : La Destruction des Juifs d'Europe, *Raul Hilberg, Collection Folio Histoire.*

En Lettonie :
Riga-Jungfernhof

L'organisation hiérarchique des camps

▼ *La hiérarchie SS*

Heinrich Himmler (1900-1945) est le Reichsführer SS, *c'est-à-dire le chef suprême des SS.*

Ce sont les SS (*Schutzstaffeln*) qui ont la responsabilité de la garde et de la gestion des camps de concentration. La SS est dirigée par Heinrich Himmler. Chaque camp est sous l'autorité d'un *Lagerkommandant* (commandant de camp). Il comporte plusieurs services :

- La *Kommandantur*, qui s'occupe des SS.
- La *Politische Abteilung* (section politique, antenne de la Gestapo), qui s'occupe des dossiers des détenus et décide de leur sort : vie, mort, parfois remise en liberté. Elle fait des « enquêtes » sur ordre ou à son initiative.
- Le service du travail (*Arbeitstatistik*), chargé d'organiser les équipes de travail (*Kommandos**).
- La direction des camps (*Lagerführung*), qui s'occupe des détenus et règle leur vie : appel, logement, travail, discipline, etc. Son chef s'appelle le *Lagerführer*. C'est le chef du camp de détention proprement dit, c'est-à-dire la zone entourée de barbelés. Il a sous ses ordres des *Blockführer* (chefs de *Block*) et un *Rapportführer*, chargé de tenir à jour les effectifs et de faire les appels.
- Le service des finances et de l'intendance.
- Le service de garde du camp.
- Le service médical (ou soi-disant médical !).

Sais-tu que...

Les SS doivent répondre à l'image du « héros germanique » : être de « pure race allemande » depuis au moins 1750, mesurer 1,80 m ou plus, être blond aux yeux bleus.

▼ *La hiérarchie chez les détenus*

Pour ne pas s'abaisser à effectuer certaines tâches, les SS créent dans les camps de concentration une administration parallèle à la leur qu'ils confient à des détenus souvent prêts à tout pour obtenir quelque avantage ou privilège. Il en résulte des rivalités terribles entre les différentes catégories et nationalités de détenus.

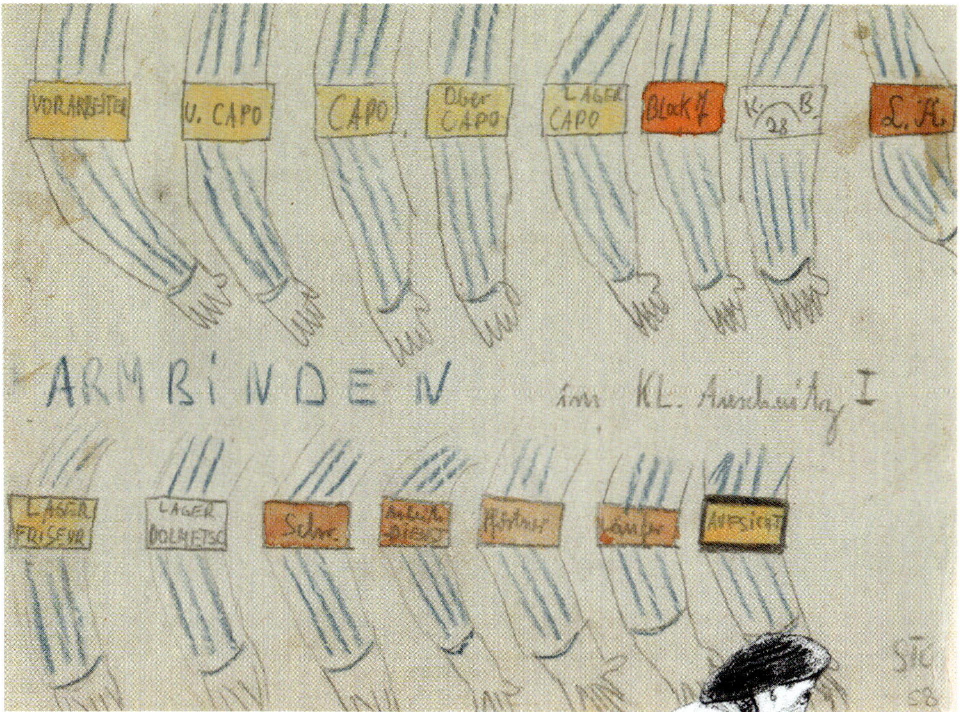

« BRASSARDS », THOMAS GEVE

Les fonctions les plus élevées ont des noms proches de celles des SS : par exemple *Lagerältester* (doyen de camp) à côté du SS *Lagerführer*. Les titulaires des postes les plus élevés sont appelés par les détenus des « *Prominenten* ». Mais les plus nombreux et les plus redoutés sont les Kapos, chargés de l'encadrement des *Kommandos* de travail. Au contact permanent des autres détenus, sans cesse sur leur dos, responsables de la rentabilité et de l'exécution des ordres donnés par les SS, ils ne leur laissent pas un instant de répit et rivalisent de brutalité et de cruauté avec les SS.

Les Kapos surveillent ce qui touche le chantier et le travail ; les chefs de Block *tout ce qui concerne les baraquements et le ravitaillement.*

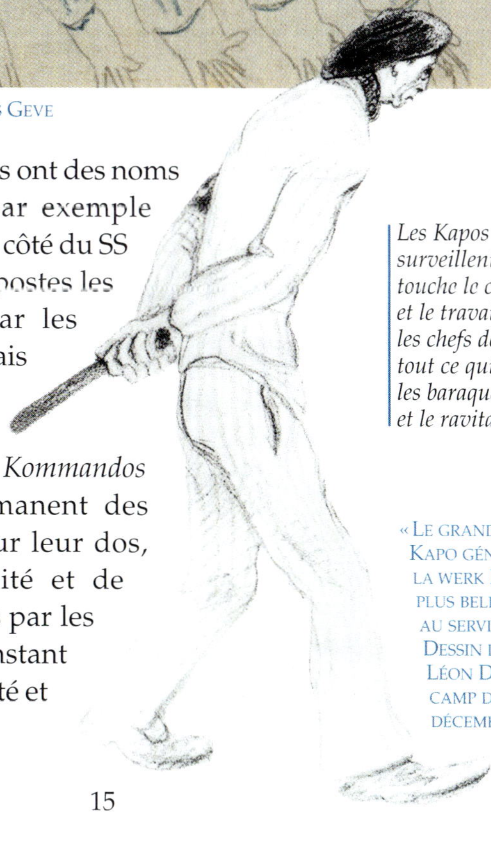

« LE GRAND GEORG, KAPO GÉNÉRAL DE LA WERK II : UNE DES PLUS BELLES BRUTES AU SERVICE DES SS. » DESSIN DE LÉON DELARBRE, CAMP DE DORA, DÉCEMBRE 1944.

La déportation

▼ *Le voyage*

« Ils étaient vingt et cent
Ils étaient des milliers
Nus et maigres tremblants
Dans ces wagons plombés
Qui déchiraient la nuit
De leurs ongles battants
Ils étaient des milliers
Ils étaient vingt et cent […]. »

EXTRAIT DE *NUIT ET BROUILLARD*, JEAN FERRAT

Photo ci-dessus :
CONVOI DE DÉPORTÉS AU DÉPART DE COMPIÈGNE.

Après le choc de l'arrestation, des interrogatoires, une période plus ou moins longue d'internement, le voyage jusqu'au camp de déportation marque le début de l'enfer des déportés. Entassés le plus souvent à cinquante, cent et parfois plus, dans des wagons à bestiaux mal aérés, sans rien à boire ni à manger, sans sanitaires, dans la puanteur, pendant des jours et des nuits, les déportés roulent vers une destination inconnue, vers un destin terrible qu'ils ne soupçonnent pas. Certains deviennent fous, d'autres ne survivent pas. Les trains de déportés juifs transportent des familles entières : hommes, femmes et enfants. Des wagons sont parfois constitués uniquement d'enfants.

Au camp, on n'est plus personne, on n'a plus de nom, on n'est plus qu'un numéro parmi d'autres, un sous-homme. Dépouillés de tout, les déportés sont entassés ensuite dans l'endroit où ils vont désormais vivre : le Block.

▼ *L'arrivée*

Épuisés, assoiffés et hagards, les déportés sont généralement accueillis à leur arrivée par un déferlement de cris, d'insultes, d'aboiements de chiens et de coups, faits pour créer d'emblée le réflexe de la peur et de la soumission.

Dans les camps de concentration, ou camps de la mort lente, les détenus sont d'abord dépossédés de toutes leurs affaires personnelles. Ils sont alors tondus de la tête aux pieds, plongés dans un bain pour la désinfection, et reçoivent leur tenue de bagnard : un pantalon, une veste, une chemise (une robe pour les femmes), un calot en toile rayée, des galoches en bois et un numéro matricule à apprendre sur le champ, par cœur en allemand.

« ÉPOUILLAGE, TONSURE, ÉPILAGE », DESSIN DE LAZARE-BERTRAND, CAMP DE CONCENTRATION DE NEUENGAMME, 1944.

Dans les centres de mise à mort, les détenus sont conduits dans des salles de déshabillage pour ensuite passer « aux douches ». Une fois entassés dans les fausses douches, ils sont asphyxiés par gaz (le Zyklon B*).

Sais-tu que...

Chaque déporté est appelé « *ein Stück* » par les SS, c'est-à-dire « une pièce », « un morceau ».

Dans les camps à la fois d'extermination et de concentration comme Auschwitz-Birkenau et Maïdanek, les détenus subissent une sélection à la descente des trains. Les plus faibles sont envoyés à la chambre à gaz : femmes, enfants, vieillards. Les plus forts, hommes et femmes, sont conduits dans les *Kommandos*. À Auschwitz, sauf exception, les déportés qui ne sont pas immédiatement gazés sont tatoués sur l'avant-bras gauche.

« *Tous les jours, des milliers d'hommes, de femmes et d'enfants descendent des convois, chargés de colis, de paquets de toute sorte. Ils sont aussitôt alignés par rangs de cinq et défilent devant le SS qui, d'un geste de la main, les sépare. À droite, ceux qui vont aller à la désinfection, puis, de là au camp de travail. À gauche, ceux qui iront au four crématoire, les inutilisables. Mais ces derniers ignorent tout encore. À pas lents, vieillards, femmes, enfants se dirigent vers l'enceinte du four qu'ils prennent pour le lieu de la désinfection.* »

Témoignage sur la sélection dans le camp d'Auschwitz-Birkenau du général André Rogerie, Résistant français déporté à Buchenwald, Dora, Maïdanek, Auschwitz, Gross-Rosen et Nordhausen.

La vie dans les camps

▼ *Le réveil*

Block DE QUARANTAINE À BUCHENWALD
(Photo prise à la libération du camp)

Réveillés entre trois et cinq heures du matin, au son d'une sirène immédiatement suivie par les sifflets, les coups et les insultes des chefs de *Block*, les détenus doivent en toute hâte plier et aligner leur paillasse (le moindre défaut étant passible de coups ou de privations supplémentaires), se laver à plus de vingt devant un mince filet d'eau, passer aux latrines et se présenter pour recevoir leur café (en réalité une eau noirâtre appelée *Ersatz*, « remplacement »).

« UNE JOURNÉE DE LA SEMAINE », THOMAS GEVE

5 h : se réveiller, s'habiller, se laver, manger, boire, refaire sa paillasse

6 h : appel pour aller au travail, départ à pied pour le travail, travail

12 h - 13 h : pause, déjeuner, rassemblement, travail

17 h 45 : retour à pied

18 h 45 : appel, aller chercher sa ration, se laver

20 h 30 : coucher.

LES PRISONNIERS DES CAMPS DOIVENT PORTER LEUR MATRICULE COUSU SUR LEURS VÊTEMENTS.

▼ *L'appel*

Toujours dans la précipitation, les prisonniers se mettent en rang et se dirigent sous les ordres des chefs de *Block* vers la place d'appel. Ils doivent y traîner les morts de la nuit. Gigantesque rassemblement de dizaines de milliers de malheureux, transis de froid ou accablés de chaleur, tenant à peine debout, rivés sur place dans le silence imposé, devant un ballet de petits gradés comptant et recomptant les rangs de cinq. En général, l'appel du matin, qui précède le travail, dure moins longtemps que l'appel du soir, pris sur le repos des détenus et pouvant donner lieu à des punitions ou exécutions publiques. Pour les détenus épuisés, malades, affamés, l'appel, obligatoire par tous les temps, est un supplice.

Dans certains camps il y avait deux appels : l'appel général suivi de l'appel pour le travail dans les différents Kommandos.

« Le compte n'y est pas », Thomas Geve

Sais-tu que…

Deux fois, en 1938 et 1939, à Buchenwald, l'appel du soir dura plus de dix-huit heures parce que trois détenus restaient introuvables.

▼ *Le travail*

Les détenus travaillent dans des *Kommandos* spécialisés au moins douze heures par jour. Le travail doit être épuisant, telle est la consigne. La durée de vie dépasse rarement neuf mois en raison de la sous-alimentation, des maladies, du manque de soins médicaux et de sommeil.

I.G. Farben, Siemens, Volkswagen, BMW, Krupp font partie des principales sociétés allemandes qui exploiteront souvent jusqu'à la mort les déportés.

UN *KOMMANDO* DE MAUTHAUSEN

Certains *Kommandos* travaillent pour les besoins du camp (ateliers de couture, menuiserie, plomberie, cuisines, services administratifs, etc.) ; d'autres participent aux grands travaux du *Reich* (assainissement de zones marécageuses, routes, carrières, déboisement, construction des camps de concentration) ; d'autres sont loués par les SS à des entreprises allemandes comme travailleurs-esclaves ; d'autres, à partir de 1942-1943, participent à la production de guerre (creusement de tunnels, travail dans les mines, fabrication d'avions, de chars, de fusées, d'armes et de munitions). Le nombre de détenus par *Kommando* varie de quelques dizaines à plusieurs milliers. Certains *Kommandos* prennent une telle importance qu'ils deviennent des camps indépendants, comme Dora en octobre 1944. Des camps annexes sont installés près des usines ou des carrières pour économiser le temps des déplacements.

« ESSAI DES TUBES DE CANONS ANTI-TANKS AU *KOMMANDO* DE LEIPZIG », KAPO FRAPPANT UN DÉTENU, DESSIN DE PIERRE MANIA, CAMP DE BUCHENWALD, JANVIER 1945.

Les *Kommandos* les plus redoutés sont ceux dont l'activité s'exerce en plein air par tous les temps, et ceux de percement des tunnels destinés à la production d'armes secrètes. Le travail y est beaucoup plus éprouvant, la brutalité des Kapos et des SS inouïe. La mortalité y est plus rapide et plus importante qu'ailleurs. Il existe aussi des *Kommandos* disciplinaires, dont l'encadrement est choisi parmi les SS les plus cruels et les plus sadiques. Les détenus devenus inaptes au travail sont éliminés à la suite de sélections qui ont lieu dans le camp. Les Juifs, les Tsiganes et les témoins de Jéhovah* sont affectés dans les *Kommandos* les plus durs.

Sais-tu que...

Les usines allemandes versent de trois à six *Reichsmarks* (monnaie allemande) par « déporté loué » à l'administration SS du camp.

▼ *La faim*

La nourriture dans les camps est toujours insuffisante et la faim devient vite une obsession. Robert Antelme, déporté au camp de Buchenwald, la décrit ainsi : « *cette faim qui déforme la figure, tend les yeux [...], le poids de l'estomac vide, les mâchoires immobiles* ».

Un détenu reçoit par jour une maigre ration très peu nutritive faite d'un morceau de pain avec quelquefois une rondelle de saucisson ou un peu de margarine et d'une soupe où flottent quelques morceaux de rutabaga.

« La faim », Thomas Geve

en haut à gauche : épluchures de pommes de terre

au milieu en haut : poubelles de la cuisine

en haut à droite : choux pourris

en bas à gauche : raves crues

au milieu en bas : voler

en bas à droite : du pain moisi

Les prisonniers ressemblent rapidement à des squelettes vivants. Le manque de nourriture et de vitamines provoque des maladies graves.

La faim agit sur le comportement des détenus capables de se battre pour s'emparer d'une épluchure ou pour laper un peu de soupe répandue sur le sol. Des vols de pain se produisent : ils sont considérés par les détenus comme un crime et sévèrement réprimés par les déportés eux-mêmes.

Dans de telles conditions, chaque geste de partage prend une signification et une dimension extraordinaires. Donner un peu de son pain ou de sa soupe, c'est faire un geste de vie.

Sais-tu que...

Pour ses besoins en nourriture, un chien de SS coûte environ trois *Reichsmarks* par jour alors qu'un déporté coûte à peine un *Mark*.

▼ *Les maladies*

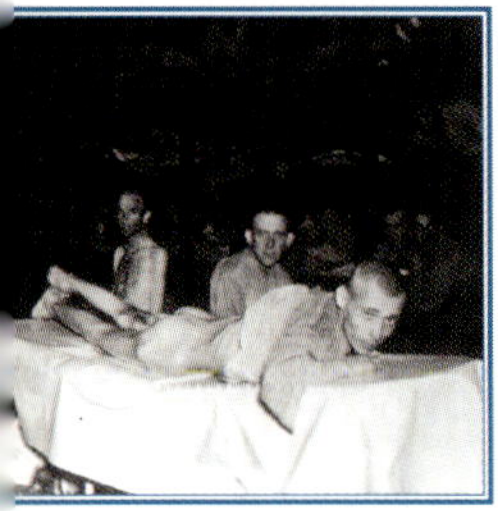

Un *Revier* à Buchenwald

Le manque de nourriture, le travail épuisant, l'absence d'hygiène, le froid ou à l'inverse la chaleur torride, favorisent l'apparition de nombreuses maladies et épidémies chez les déportés. À la lancinante sensation de faim, s'ajoute la hantise de tomber malade ou de se blesser, car la moindre blessure s'infecte. Être malade ou blessé, c'est ne plus pouvoir travailler. Et ne plus pouvoir travailler, c'est dans la plupart des cas être envoyé à la mort. Chaque camp dispose pourtant d'une ou de plusieurs infirmeries, appelées *Revier*. Mais ce sont plus souvent des mouroirs que des lieux de traitement, tant ils manquent de tout. Néanmoins, il existera dans chaque *Revier* des gestes extraordinaires d'humanité et de solidarité entre détenus.

Sais-tu que...

Le Docteur Josef Mengele, médecin chef à Auschwitz-Birkenau à partir de mai 1943, se sert des déportés pour pratiquer des expériences : il étudie ainsi les facteurs de l'hérédité, notamment sur les jumeaux.

▼ *Les expériences médicales*

Les expériences médicales pratiquées par des médecins nazis sur les détenus figurent parmi les crimes les plus cruels commis dans les camps. Ces essais (inoculation de maladies comme le paludisme ou la fièvre jaune pour mettre au point des traitements nouveaux ou des vaccins, expériences sur des jumeaux, stérilisations expérimentales pratiquées sur des hommes, des femmes et des enfants surtout tsiganes ou juifs...) provoquent en effet des souffrances atroces et entraînent le plus souvent la mort des malheureuses victimes. Ceux qui survivent à ces ignobles expériences sont, pour la plupart, tués d'une piqûre de phénol dans le cœur.

▼ *Les punitions*

Le chevalet

Avoir les galoches insuffisamment astiquées (signe de paresse et de manque de respect envers les SS) ou les avoir trop astiquées (le reste du travail avait dû être bâclé), avoir les mains dans les poches, relever son col pour se protéger du vent ou de la pluie, ramasser un bout de mégot pour le fumer, se protéger du froid en subtilisant sur le chantier de travail des sacs de ciment vides ou des bouts de carton pour les mettre contre soi, éternuer, tousser, ne pas comprendre l'ordre d'un SS ou d'un Kapo… tout est prétexte à punition.

Les punitions sont variées: suppression de nourriture, station debout sur la place d'appel pendant des heures en plein froid ou sous un soleil de plomb, envoi dans des *Kommandos* de travail particulièrement durs, bastonnade, enfermement dans le cachot (*Bunker**), torture, pendaison publique. Il y a aussi les « divertissements » punitifs inventés par les SS: exercices de gymnastique dans la neige ou sous la pluie, lâcher de chiens contre les détenus. Le sadisme dépasse l'imagination.

« … Où la moindre peccadille coûtait 25 coups
Maurice de la Pintière

« Dangers et terreurs du camp », Thomas Geve

Sais-tu que…

Le « tarif » ordinaire est de 25 coups de bâton, comptés obligatoirement en allemand par la victime.

▼ *Et malgré tout… la résistance et la solidarité*

De fortes convictions humaines, politiques, religieuses permettront à des détenus de mieux résister à cet enfer et d'organiser l'entraide. Dans chaque camp, on assiste à de nombreux gestes de solidarité et de fraternité. À côté des actes de soutien moral et physique, la résistance contre les bourreaux nazis se manifeste également par le sabotage dans le travail, par l'organisation de groupes de combat destinés à éviter les massacres collectifs, par des comités clandestins préparant la libération, par quelques révoltes (malheureusement sauvagement écrasées dans le sang par les SS, comme ce fut le cas à Treblinka, Sobibor et Auschwitz).

Les détenus

Des femmes et des hommes ont été déportés. Les SS distinguent les détenus entre eux grâce à un triangle — cousu sur leurs vêtements — de couleur différente selon le motif de leur présence au camp et portant l'initiale de leur pays d'origine.

▼ *Les détenus politiques, « les Rouges »*

Ce sont des Allemands antinazis, enfermés dans les camps dès la prise de pouvoir d'Hitler, en 1933. Par la suite, ils seront rejoints par un grand nombre de résistants venant des pays occupés par l'Allemagne (Autriche, Tchécoslovaquie, Pologne, Pays-Bas, URSS, France…). Des prisonniers de guerre (le plus souvent soviétiques) arrivent également par milliers et sont terriblement maltraités.

Leur sens de l'organisation et leurs convictions vont permettre l'organisation de réseaux d'entraide et de résistance à l'intérieur des camps. Les détenus politiques portent un triangle rouge. Ils s'efforceront partout, avec des résultats inégaux, de supplanter les détenus de droit commun dans le système d'administration parallèle mis sur pied par les SS.

« … OÙ CHAQUE PELLETÉE DE TERRE ÉTAIT MOUILLÉE DE LEURS LARMES ET DE LEUR SANG »
MAURICE DE LA PINTIÈRE

▼ *Les détenus de droit commun, « les Verts »*

Accusés pour crimes et délits divers (vol, meurtre, proxénétisme*, etc.), parce qu'ils représentent une menace pour la sécurité du peuple allemand, un certain nombre d'entre eux — majoritairement de nationalité allemande — se voient confier par les SS des tâches de surveillance à l'intérieur du camp et sur les chantiers. Ils sont redoutés pour leur brutalité envers les autres détenus et méprisés pour leur empressement à servir les SS. Ils portent un triangle vert.

▼ *Les déportés « NN », une catégorie à part*

« NN » est l'abréviation allemande des mots « *Nacht und Nebel* », qui signifient « nuit et brouillard ». Un décret du haut commandement allemand, en décembre 1941, prévoit de faire disparaître, aux yeux de tous, les résistants des pays de l'Europe de l'Ouest. Ils sont isolés dans les prisons, les forteresses, envoyés dans les camps. Les lettres NN sont inscrites à la peinture sur leur tenue. Ils ne peuvent envoyer ni recevoir de courrier. Les familles sont dans l'ignorance complète de leur sort, y compris de leur mort.

Sais-tu que...

L'expression « *Nacht und Nebel* » est tirée d'un opéra de Wagner.

▼ *Les Juifs*

Selon Hitler, ce sont les pires ennemis du peuple allemand. Il les accuse de tous les maux et en particulier de souiller « la race pure allemande ». Persécutés en Allemagne d'abord, puis pourchassés à travers toute l'Europe occupée, les Juifs sont privés de tous leurs droits, enfermés dans des ghettos* (800 000 Juifs y mourront de misère), exécutés sur place ou envoyés dans les camps d'extermination. Au total, plus de cinq millions périront dans le plus grand massacre jamais conçu ni organisé industriellement dans le monde.

ENFANTS ABANDONNÉS DANS LE GHETTO DE VARSOVIE, POLOGNE, 1941.

FEMMES ET ENFANTS JUIFS HONGROIS JUGÉS « IMPRODUCTIFS » APRÈS LA SÉLECTION SUR LA RAMPE, AUSCHWITZ FIN MAI-DÉBUT JUIN 1944.

Les 29 et 30 septembre 1941, 33 771 Juifs vivant près de Kiev (URSS) sont massacrés à la chaîne, dans le ravin de Babi Yar. Les nazis avaient la cruauté de faire creuser les fosses par les victimes.

Les Tsiganes

Les Tsiganes, eux aussi considérés comme des « sous-hommes », doivent disparaître. Des hommes et des femmes (et même des enfants) sont stérilisés pour empêcher que la « race ne se reproduise ». Une grande partie des Tsiganes venant des pays de l'Est est déportée à Auschwitz où ils sont regroupés dans un secteur spécial du camp de Birkenau. Dans la seule nuit du 2 au 3 août 1944, les derniers survivants (3 000) seront envoyés à la chambre à gaz. On estime à plusieurs dizaines de milliers le nombre de Tsiganes massacrés par les nazis.

Et tant d'autres encore…

Les asociaux* portent le triangle noir, les témoins de Jéhovah portent un triangle violet, les apatrides* un triangle bleu, les homosexuels un triangle rose…

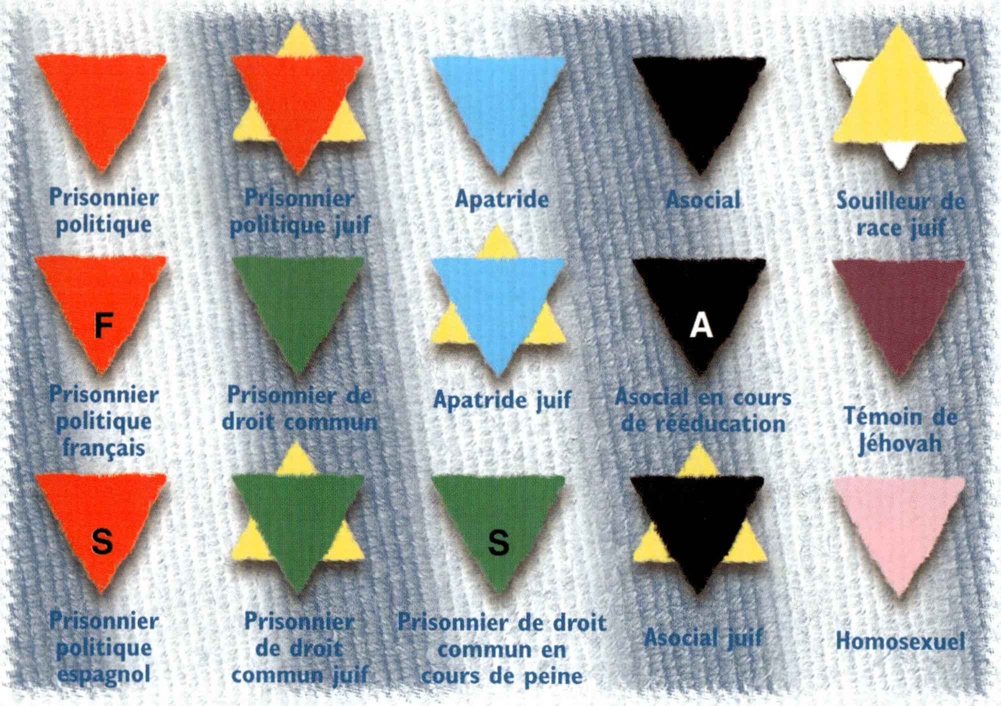

Le sort des femmes et des enfants

▼ *Les femmes*

Les nazis créent des camps pour les femmes, comme celui de Ravensbrück. À Auschwitz-Birkenau une partie du camp est réservée aux femmes.

Des *Kommandos* de femmes sont envoyés dans certaines usines aménagées en camps annexes (Siemens, Krupp, Daimler-Benz près de Berlin…). Des gardiennes SS, aussi cruelles, brutales et inhumaines, parfois pires que les hommes, règnent sur ces camps. Le sort des femmes enceintes ou arrêtées avec un enfant est particulièrement dramatique. Malgré tout, la solidarité s'organise pour aider les plus faibles.

Camp de Bergen-Belsen

Les femmes font des travaux aussi durs que les hommes : terrassement, creusement de tranchées, production d'armement… Elles travaillent par tous les temps, tenaillées par la faim, sous les coups et les insultes, jusqu'à épuisement. Avec un courage exemplaire, elles s'efforcent, partout où c'est possible, de résister en sabotant ou ralentissant la production.

« *[…] Nous réussîmes à mettre sur pied plusieurs techniques de sabotage : […] sans jamais ralentir le rythme des gestes, on dévissait les têtes de cartouches déjà vissées et on les revissait, ce qui entraînait une diminution importante en fin de journée […] on parvint à détraquer les machines déjà en mauvais état […] par des moyens divers peu susceptibles d'être décelés par les techniciens […]. Tout cela était rendu possible grâce à la volonté qui animait les résistantes de saboter à tout prix et par tous les moyens le rendement des ateliers.* »

Témoignage de Jeannette L'Herminier, déportée dans un *Kommando* de femmes du camp de Flossenbürg. (*Historia* n°34, mars-avril 1995)

▼ *Les enfants*

Plus d'un million d'enfants ont été tués dans les camps nazis.

De France, 10 147 enfants déportés sont morts. 1 893 avaient moins de six ans, 4 129 avaient entre six et douze ans, 4 125 entre treize et dix-sept ans.

Aussi invraisemblable que cela paraisse, les nazis enverront des enfants dans les camps de concentration. Rien ne leur est épargné de la misère et de la terreur concentrationnaire, pas même les expériences médicales. Les enfants juifs et tsiganes sont assassinés par milliers, comme leurs parents, dans les centres de mise à mort, gazés, tués par balle ou jetés vivants dans des brasiers allumés en plein air pour doubler les fours crématoires, insuffisants.

Un enfant portant le numéro 23141 tatoué sur le bras, Auschwitz.

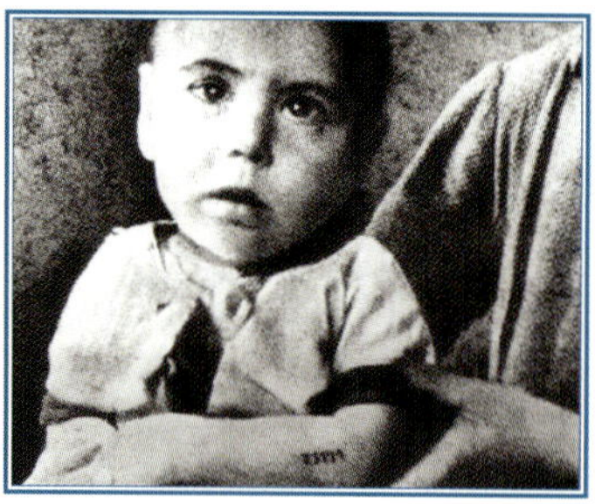

Il arrive que les détenus parviennent à cacher et à sauver des enfants. À partir de janvier 1945, l'organisation de la Résistance clandestine du camp de Buchenwald dissimule et sauve un millier d'enfants arrivés des camps de Pologne que les nazis évacuent devant l'avance des armées soviétiques. Ils avaient moins de quinze ans, le plus jeune était âgé de quatre ans.

« *La plupart de ces enfants étaient extrêmement choqués par les méchancetés et les brutalités des SS. Ils avaient voyagé pendant des jours et des jours et étaient complètement épuisés. [...] L'accueil des enfants et le discours du Hauptsturmführer* commençaient par une canonnade d'injures. [...] Il leur annonçait qu'il avait donné l'ordre que chacun d'entre eux reçoive vingt-cinq coups de nerf de bœuf et qu'il était encore en train de se demander s'il leur donnerait quelque chose à manger.* »

Témoignage de Robert Siewert, prisonnier politique allemand de Buchenwald.

Stefan-Jerzy Zweig dit Juschu, le plus jeune détenu de Buchenwald, à la libération du camp, avril-mai 1945.

La déportation partie de France

En France environ 160 000 personnes sont déportées vers les camps nazis entre 1940 et 1945.

▼ *Les résistants*

Les résistants, complices de résistants, suspects, opposants politiques (en particulier les communistes), parfois de simples otages représentent plus de 85 000 personnes dont 7 000 réfugiés républicains espagnols qui avaient fui le régime fasciste du général Franco. Les hommes sont en majorité regroupés au camp de transit de Compiègne et les femmes à Romainville, après un séjour plus ou moins long en prison, avant d'être embarqués dans des wagons à bestiaux vers les camps.

▼ *Les Juifs*

Les Juifs sont recensés, fichés et contraints, dans la zone nord*, de porter une étoile jaune sur leurs vêtements. Avec la complicité du gouvernement et de la police de Vichy, 76 000 personnes sont arrêtées pour cette seule raison, regroupées généralement dans des camps comme ceux de Pithiviers et Beaune-la-Rolande, puis envoyées à Drancy, et de là, déportées par trains vers les centres de mise à mort, dont principalement celui d'Auschwitz-Birkenau.

La rafle du Vél' d'Hiv

Les 16 et 17 juillet 1942, de grandes rafles de Juifs sont organisées à Paris par la Gestapo, avec la coopération de la police française.

D'abord rassemblés au Vélodrome d'Hiver, près de 13 000 Juifs sont déportés à Auschwitz.

Enfants et femmes juifs faisant leur lessive, camp de Drancy, décembre 1942.

Carte des principaux camps de et centres d'extermination

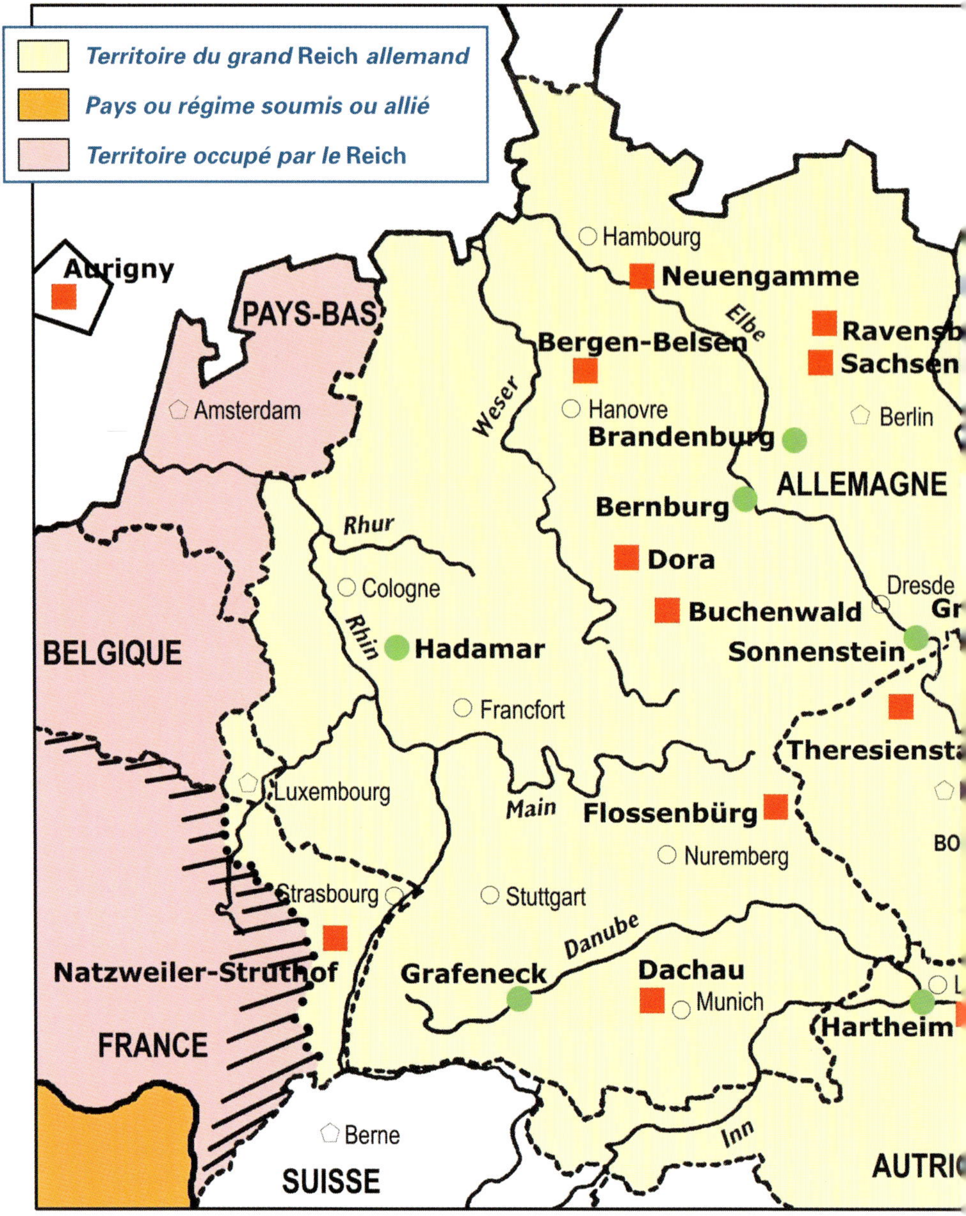

concentration, centres d'euthanasie ouverts par le régime nazi

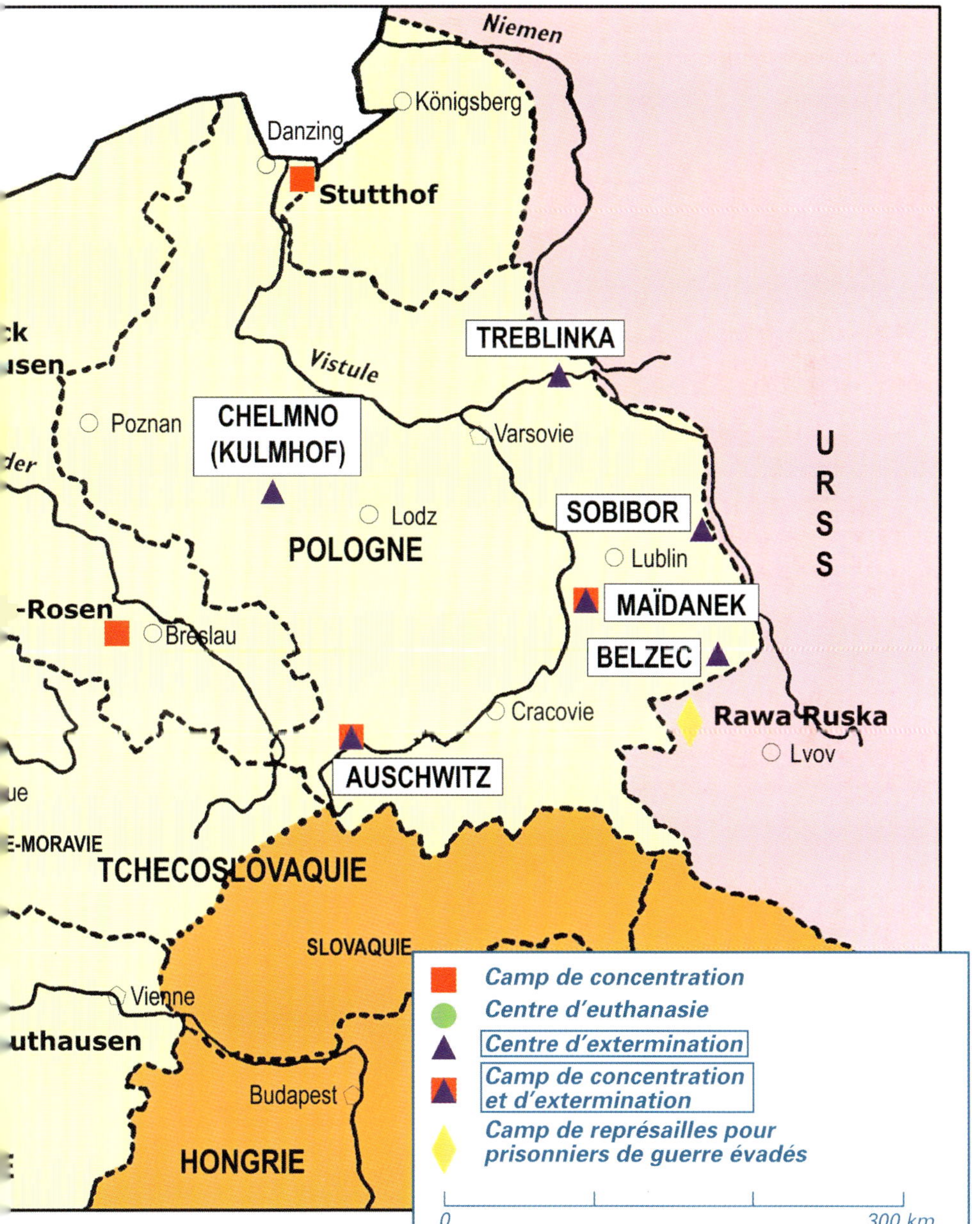

« ARBEIT MACHT FREI » DU CAMP DE BIRKENAU

Quelques camps...

▼ *Dachau*

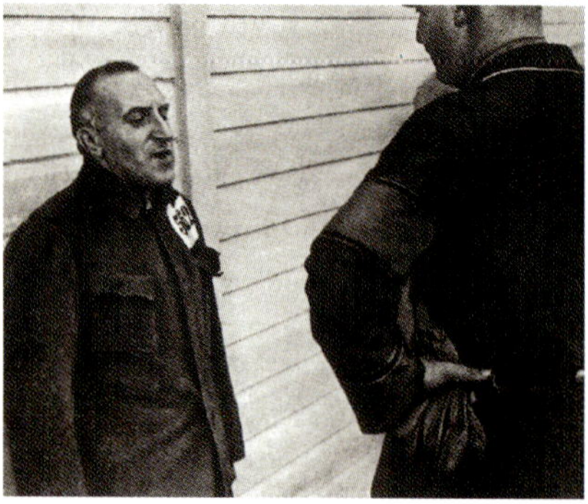

Durant son internement, un intellectuel allemand antinazi, Carl von Ossietzky, arrêté en 1933, se voit attribuer par Stockholm le Prix Nobel de la Paix. Goering lui propose la liberté et les honneurs contre son silence. Ossietzky refuse. Il mourra à l'hôpital des suites de son internement, en 1938.

Situé en Bavière près de Munich, le camp de Dachau est ouvert en mars 1933 pour enfermer les opposants politiques au régime, avant de devenir un énorme centre d'exploitation d'esclaves. Il sert de modèle aux autres camps. Prévu pour 25 000 détenus, il en comptera jusqu'à 60 000. Entre 1933 et 1945 ce camp enregistre plus de 200 000 entrées. Dachau a de très nombreux *Kommandos* (près de 180). Les prisonniers travaillent à la construction d'aérodromes, de routes, de chemins de fer, dans des fabriques de vêtements, dans des usines d'armement.

L'une des particularités de Dachau est la présence de plusieurs milliers d'ecclésiastiques (allemands, polonais, français...). Les SS recevront l'ordre d'attribuer une baraque et un local pour le culte à ces hommes d'Église, qu'ils ne se privent pas de ridiculiser et de maltraiter. Des expériences sur le paludisme sont pratiquées sur des prêtres polonais. On y fait aussi des expérimentations médicales d'un genre spécial, pratiquées sur les détenus au profit de la *Luftwaffe* (armée de l'air). Elles ont pour but la mise au point de méthodes de sauvetage des équipages d'avions abattus : expériences de décompression instantanée, essais de résistance au froid extrême (-30 °C !) avec tentatives de réchauffement.

Le camp est libéré par les Américains le 29 avril 1945.

Sais-tu que...

À l'entrée du camp, la devise SS stipule : « Le travail rend libre » (*Arbeit macht frei*) !

Interné à Dachau en 1939, un séminariste allemand, Carl Leisner, est ordonné prêtre dans la clandestinité par l'évêque de Clermont-Ferrand Monseigneur Piguet, lui aussi déporté.

▼ *Oranienburg-Sachsenhausen*

Situé près de Berlin, ce camp connaîtra deux périodes, celle d'Oranienburg (1933-1936) puis celle de Sachsenhausen (1936-1945). Il joue le rôle de capitale du monde concentrationnaire. L'inspection générale des camps de concentration s'y installe, donnant tous les ordres et recevant tous les comptes rendus. On y expérimente certaines techniques avant leur mise en application dans les autres camps. Toutes les richesses volées aux détenus (un énorme trésor) y sont accumulées.

DES DÉTENUS RENTRENT AU CAMP APRÈS LEUR JOURNÉE DE TRAVAIL.

PORTAIL DU CAMP DE SACHSENHAUSEN, HIVER 1941-1942.

Le camp est libéré le 22 avril 1945 par l'armée soviétique.

▼ *Buchenwald*

LA DEVISE SS DU CAMP : « À CHACUN SON DÛ ».

Situé à quelques kilomètres de la ville de Weimar, dans une forêt (*Buchenwald* signifie « forêt de hêtres »), le camp entre en fonction en juillet 1937. En plus des installations du camp, les prisonniers construisent et réparent routes et voies ferrées à un rythme infernal et épuisant.

À Buchenwald, sont internés et déportés un grand nombre d'opposants politiques allemands et de résistants de tous les pays occupés. Ils parviennent à supplanter les détenus de droit commun dans les postes-clés de l'administration parallèle et à en conserver le contrôle.

Un comité international clandestin de Résistance réussit à se former, au sein duquel figurent quelques Français comme le colonel Frédéric-Henri Manhès, ancien adjoint de Jean Moulin, le résistant communiste Marcel Paul, qui s'efforcent d'aider le plus grand nombre possible de leurs compatriotes.

Des dizaines de milliers de Juifs fournissent, à partir des grandes rafles d'Allemagne, la masse des esclaves des *Kommandos* les plus meurtriers.

Sais-tu que…

La route qui relie Weimar à Buchenwald fut appelée « *Blutstrasse* », la « route du sang », pour avoir coûté la vie à plus de 10 000 prisonniers.

Près de 30 000 Français, résistants pour la plupart, seront déportés à Buchenwald entre 1942 et 1945.

V2 EN MONTAGE DANS UNE USINE SOUTERRAINE

L'un des *Kommandos* de Buchenwald s'appelle Dora, nom de code d'une usine souterraine installée dans le tunnel d'une montagne, où sont fabriquées les fusées secrètes d'Hitler, les V1* et les V2. Ce *Kommando*, terriblement meurtrier, devient un camp de concentration autonome en 1944 : le camp de Dora.

Près de 240 000 prisonniers sont détenus à Buchenwald entre 1937 et 1945 : 70 000 y sont morts.

Après la fuite d'un certain nombre de SS, à l'approche des troupes américaines, la Résistance clandestine, qui a pu réunir des armes et les cacher, joue un rôle important dans la libération du camp, le 11 avril 1945.

▼ *Mauthausen*

Le camp de Mauthausen situé en Autriche annexée est édifié entre 1938 et 1940. Il est construit en dur avec un four crématoire en sous-sol. Il prend son aspect de forteresse entre 1941 et 1942. 200 000 hommes et environ 3 000 femmes y ont été détenus. Plus de 100 000 y sont morts.

Sais-tu que...

Sur 9 800 Français arrivés entre 1942 et 1944, 4 500 sont morts dont 400 furent gazés.

Parmi les camps les plus durs, il est au centre de 80 *Kommandos* dont : Gusen, le plus meurtrier avec ses fameuses carrières, Vienne, Steier, Linz et ses trois *Kommandos* souterrains, Ebensee, Melk et le tunnel de Loïbl-Pass... Une chambre à gaz est aménagée dans le camp principal de Mauthausen, dans le camp auxiliaire de Gusen et dans le château d'Hartheim.

Ce camp est le dernier libéré par les Américains les 5 et 6 mai 1945.

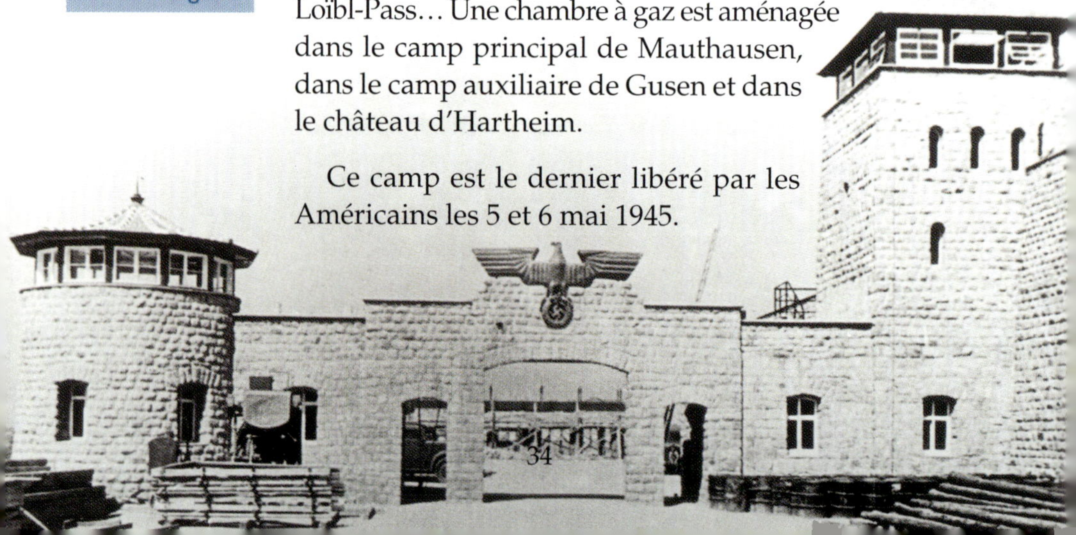

▼ *Ravensbrück*

La chambre à gaz de Ravensbrück fonctionne de décembre 1944 à avril 1945.

Proche de Berlin, dans le Mecklemburg, Ravensbrück est le grand camp de femmes. Plus de 120000 femmes de vingt nationalités différentes y sont déportées à partir de 1939.

Son organisation générale et son fonctionnement, les conditions de vie et de travail des détenues sont en tout point comparables à ceux des camps d'hommes : manque d'hygiène, brutalité et sadisme des surveillantes SS, expériences médicales criminelles, envoi en chambre à gaz à l'extérieur (on les appelle les convois noirs) ou exécutions, travaux de force épuisants. Ceux-ci sont effectués par tous les temps, à l'extérieur pour la construction de routes, l'exploitation de carrières, les déblaiements faisant suite aux bombardements, ou à l'intérieur dans des usines d'armement ou des ateliers des SS. Ce camp est surnommé « l'enfer des femmes ».

« LES FLAMBEAUX FUNÈBRES », FRANCE AUDOUL

LE TRAVAIL DE BAGNARD IMPOSÉ AUX DÉTENUS FIT PLIER LES HOMMES COMME LES FEMMES.

Les arrestations n'épargnent nullement les femmes enceintes. Jusqu'en 1944, les femmes sont contraintes d'avorter ou les enfants tués à la naissance. Ensuite, malgré la solidarité et le courage des détenues, la plupart des nouveau-nés meurent rapidement faute de soins et de nourriture adaptée.

Le camp est libéré par les troupes soviétiques le 1er mai 1945.

Sais-tu que...

Environ 600 naissances ont été officiellement enregistrées à Ravensbrück. Les autres, qu'il est difficile d'évaluer, ont été dissimulées ou non enregistrées. Une quarantaine de nouveau-nés survivront, dont trois Français.

(archives Ravensbrück, fonds M.J. Chombart de Lauwe)

▼ *Auschwitz*

Sur les 76 000 Français déportés vers les camps, parce qu'ils sont juifs, 74 000 sont déportés à Auschwitz. 57 % sont immédiatement gazés. 31 543 sont enregistrés. 2 500 environ sont revenus. Sur 11 000 enfants juifs de France déportés à Auschwitz, moins de 100 ont survécu.

Symbole de toutes les atrocités commises par les nazis contre l'humanité et lieu emblématique du génocide* contre les Juifs, Auschwitz, ouvert en mai 1940 non loin de Cracovie (Pologne), comporte trois sous-camps :

- Auschwitz I, une ancienne caserne, a une capacité d'environ 11 000 détenus. De nombreux patriotes polonais y sont d'abord enfermés — et souvent exécutés — suivis, à partir de 1941, par des prisonniers de guerre soviétiques, des Juifs et des détenus politiques de toutes nationalités.

- Auschwitz II, ou Auschwitz-Birkenau, conçu pour 100 000 détenus. Sa construction, entreprise en octobre 1941, coûte la vie à des milliers de détenus et 12 000 prisonniers de guerre soviétiques. Quatre chambres à gaz particulièrement vastes, jumelées à des fours crématoires, y sont construites. Elles vont permettre l'extermination de plus d'un million de Juifs et de plusieurs dizaines de milliers de Tsiganes.

FOURS CRÉMATOIRES D'AUSCHWITZ

- Auschwitz III, à quelques kilomètres de Birkenau, près du village de Monowitz, où les nazis implantent une très importante usine de caoutchouc synthétique de l'IG-Farben, la Buna. Un camp annexe, dit camp de « Buna-Monowitz », y est associé. Plusieurs dizaines de milliers de déportés y seront exploités à mort.

Sais-tu que…

Les nazis répètent aux déportés qui arrivent : « Ici on entre par la porte, on sort par la cheminée ».

À leur arrivée au camp, les détenus se dépouillent de tout. Les vêtements, les chaussures, les lunettes, les alliances, les bijoux, tout est pris pour resservir. Jusqu'aux cendres des morts qui sont utilisées comme engrais.

Traquées, arrêtées, des centaines de milliers de familles juives et tsiganes sont déportées dans des wagons à bestiaux vers Auschwitz-Birkenau. À leur arrivée au camp, les hommes, les femmes, les enfants, les vieillards sont « sélectionnés » par les SS, c'est-à-dire divisés en deux catégories : ceux qui doivent mourir et seront immédiatement gazés, et ceux qui peuvent travailler. Les vieillards, les malades, les femmes enceintes, les mères avec des bébés et enfants en bas âge n'ont aucun espoir de survivre. 75 % des déportés sont directement conduits vers les chambres à gaz. Ceux qui échappent à cette sélection immédiate ont une espérance de vie de quelques jours, quelques semaines, tant l'existence est violente à Auschwitz. Y survivre plusieurs mois relève du miracle.

Devant l'arrivée des Soviétiques, les SS évacuent le camp d'Auschwitz vers l'Ouest, après avoir dynamité les quatre grands fours crématoires et incendié un grand nombre d'installations et d'archives, preuves de leur barbarie. Les prisonniers les plus faibles sont laissés sur place. Les autres sont entraînés dans un impitoyable parcours vers d'autres camps en Allemagne. Les Soviétiques libèrent le camp le 27 janvier 1945 et découvrent l'horreur d'Auschwitz.

Sais-tu que...

En plus des sélections à l'arrivée, il existait des sélections soudaines à l'intérieur du camp.

La fin des camps

▼ *Les marches de la mort*

Au fur et à mesure de l'avance des Alliés, les SS évacuent les camps.

Ces évacuations se font à pied — « marches de la mort » — ou en train dans des wagons découverts par des températures atteignant –20 °C . Beaucoup de déportés connaîtront à un moment ou à un autre, cette terrible et ultime épreuve.

Jetés sur les routes, sans rien à boire ni à manger, des milliers d'entre eux, épuisés, meurent au cours de « ces marches de la mort ».

ÉVACUATION DE DACHAU, AVRIL 1945. *(Photo prise clandestinement par un civil allemand)*

« … OÙ PEU NOMBREUX FURENT CEUX QUI PURENT GRAVIR LE CHEMIN DE LA LIBERTÉ »
MAURICE DE LA PINTIÈRE

« Soudainement, un jour de la mi-janvier 1945, les SS nous ont rassemblés sur la place d'appel et nous ont annoncé : « Préparez-vous, vous allez être évacués vers l'Allemagne ! » Alors tous les détenus du camp de Babitz (camp secondaire d'Auschwitz) ont commencé à rassembler le peu de choses qui leur restait — une cuillère ou un couteau qu'on s'était fabriqué soi-même avec les restes d'une boîte de conserve rouillée. Heureux celui qui avait en sa possession une couverture. [...] Le lendemain matin nous avons commencé à marcher. [...] C'étaient des colonnes de prisonniers sur des kilomètres, encadrées par des SS armés de matraques et de fusils sur des chevaux. Dès qu'un des détenus, épuisé, s'éloignait de la colonne, ne fût-ce que d'un mètre, il était aussitôt fusillé par les SS. Ceux qui tombaient d'épuisement étaient abattus d'une balle de revolver dans la nuque. [...] Puis un jour, nous (le peu de survivants de cette marche de la mort) sommes arrivés à la gare de Wroclaw, où d'autres SS nous attendaient. Ils nous ont parqués dans des wagons à bestiaux enneigés, sans toit. Entassés à plus de quatre-vingts dans un wagon, moi et les autres, nous nous sommes jetés sur la neige, notre seule nourriture. [...] Au-dessus de chacun de ces wagons trônait un SS avec sa mitraillette sur un siège spécialement aménagé. »

Eliezer Buzyn. Il avait quinze ans au moment de cette marche de la mort. Ses grands-parents sont assassinés à Treblinka, son frère à Lodz, ses parents, sa sœur et lui-même déportés à Auschwitz. Il perdit toute sa famille et arriva en France après la guerre.

▼ *La libération des camps*

Les camps nazis sont libérés par les Alliés entre janvier et mai 1945, sauf Maïdanek et le Struthof évacués en 1944.

LES ENFANTS DE BUCHENWALD, LE JOUR DE LA LIBÉRATION DU CAMP

PENIG, PHOTO PRISE À LA LIBÉRATION DU CAMP

Réalisant l'horreur des camps, les autorités militaires de libération ordonnent à la population civile avoisinant les camps de se rendre sur place, afin qu'elle constate les monceaux de cadavres, l'état des détenus, les crimes du nazisme.

LES ANGLAIS DÉCOUVRENT UN SPECTACLE HORRIBLE AU CAMP DE BERGEN-BELSEN.

LE GÉNÉRAL EISENHOWER, COMMANDANT EN CHEF DES ARMÉES OCCIDENTALES, À OHRDRUF.

« VENEZ VOIR DE VOS YEUX ET VOUS SAUREZ MAINTENANT POURQUOI NOUS COMBATTONS. »

Page de droite : LES DÉPORTÉS D'ALLACH, *KOMMANDO* DE DACHAU

Les victimes des camps de concentration et d'extermination — toutes catégories et nationalités confondues, sans distinction de causes — ont été évaluées à plus de six millions. Il ne peut s'agir que d'une estimation en raison de la disparition ou de la falsification des archives, et de la non prise en compte par les nazis des morts exécutés par balles, ni des décès survenus au cours des transports, surtout dans les derniers mois de la guerre, ni encore des morts des marches d'évacuation finales, recensées nulle part.

« Si l'écho de leur voix faiblit, nous périrons. »

Paul Éluard

Au-delà de la désolation, ces chiffres doivent conduire à un engagement personnel contre le mépris de l'être humain, la violence, le racisme, l'intolérance, afin que ces millions d'individus, assassinés parce qu'ils avaient dit « non » au nazisme, parce qu'ils étaient considérés comme « sous-hommes », juifs, tsiganes, handicapés… ne soient jamais oubliés.

« Si nous cessions d'y penser, nous achèverions de les exterminer, ils seraient anéantis définitivement. Les morts dépendent de notre fidélité. »

Vladimir Jankélévitch, philosophe

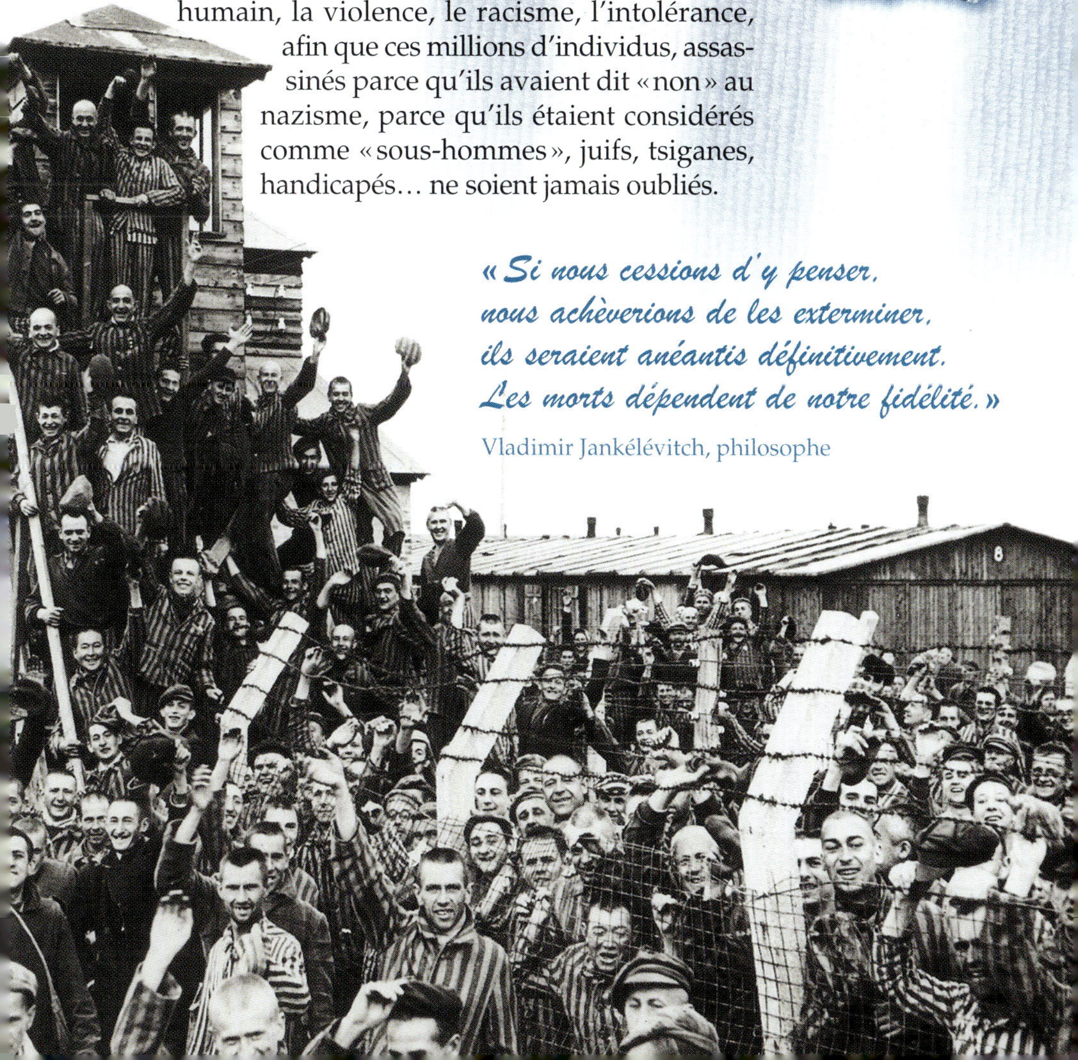

Le procès de Nuremberg

Le 8 mai 1945, l'Allemagne nazie capitule. Hitler et quelques autres responsables nazis se suicident.

Les crimes nazis, dont l'ampleur et la nature sont sans précédent dans l'Histoire, sont jugés lors d'un procès international, le procès de Nuremberg. Il commence le 20 novembre 1945 et se termine le 16 octobre 1946. La sentence est rendue le 1er octobre 1946.

NUREMBERG LE 1ER OCTOBRE 1946, LORS DE LA LECTURE DU VERDICT.

(Sur le banc des accusés, de gauche à droite)

Au premier rang : GOERING (LUNETTES NOIRES), HESS, VON RIBBENTROP, KEITEL, KALTENBRUNNER, ROSENBERG, FRANK, FRICK, STREICHER, FUNCK ET SCHACHT.

Au second rang : DOENITZ, RAEDER, VON SCHIRACH, SAUCKEL, JODL, VON PAPEN, SEYSS INQUART, SPEER, VON NEURATH ET FRITZSCHE.

Sais-tu que…

Les crimes contre l'Humanité sont imprescriptibles, c'est-à-dire que leurs auteurs peuvent être poursuivis jusqu'au dernier jour de leur vie.

Pour la première fois dans l'Histoire, un tribunal militaire international se réunit pour juger des crimes de guerre. Il fait apparaître une notion nouvelle, celle de « crimes contre l'Humanité » : crimes commis en vertu d'une idéologie qui refuse le droit de vivre à un groupe défini d'individus. Le procès de Nuremberg est le premier procès de la civilisation contre la barbarie.

Adresses utiles

FMD
(Fondation pour la Mémoire de la Déportation)

30, boulevard des Invalides
75007 Paris
Tél. : 01 47 05 81 50
Fax : 01 47 05 89 50
Site Internet : www.fmd.asso.fr

FMS
(Fondation pour la Mémoire de la Shoah)

52, boulevard Malesherbes
75008 Paris
Tél. : 01 53 42 63 17
Fax : 01 53 42 63 11
Site Internet : www.fondationshoah.org

FNDIRP
(Fédération Nationale des Déportés et Internés, Résistants et Patriotes)

10, rue Leroux
75116 Paris
Tél. : 01 44 17 38 38
Fax : 01 44 17 38 44
Site Internet : www.fndirp.asso.fr

FNDIR
(Fédération Nationale de Déportés et Internés de la Résistance)
UNADIF
(Union Nationale des Associations de Déportés Internés et Familles de Disparus)

47, avenue Georges-Mandel
75116 Paris
Tél. : 01 53 70 47 00
Fax : 01 40 50 65 64

ADIR
(Association des Déportées et Internées de la Résistance)

24, avenue Duquesnes
75007 Paris
Tél. : 01 53 69 00 25
Fax : 01 53 69 01 73

Ministère de la Défense,
Direction de la Mémoire, du Patrimoine et des Archives

14, rue Saint-Dominique
00450 Armées
Tél. : 01 44 42 16 46
Fax : 01 44 42 10 93

Mémorial des Martyrs de la Déportation
Square de l'Île-de-France
75004 Paris
Tél. / fax : 01 49 74 34 00

CDJC
(Centre de documentation juive contemporaine)

37, rue de Turenne
75004 Paris
Tél. : 01 42 77 20 42
Fax : 01 48 87 12 50
Site Internet : www.memorial-cdjc.org

Musée de la Résistance nationale
Parc Vercors
88, avenue Max-Dormoy
94500 Champigny-sur-Marne
Tél. : 01 48 81 53 78
Fax : 01 48 81 33 36
Site Internet : www.musee-resistance.com

Musée de la Résistance et de la Déportation
La Citadelle
25000 Besançon
Tél. : 03 81 87 83 12
Fax : 03 81 87 83 13

Centre d'Histoire de la Résistance et de la Déportation
14, avenue Berthelot
69007 Lyon
Tél. : 04 78 72 23 11
Fax : 04 78 73 32 98

Musée de la Résistance et de la Déportation
14, rue Hébert
38000 Grenoble
Tél. : 04 76 42 38 53
Fax : 04 76 42 55 89
Site Internet : www.resistance-en-isere.com

Musée du camp de Natzweiler-Struthof
67130 Schirmeck
Tél. : 03 88 97 04 49
Fax : 03 88 76 78 89

Mémorial de la Paix
BP 6261 – 14066 Caen CEDEX
Tél. : 02 31 06 06 44
Fax : 02 31 06 06 70
Site Internet : www.memorial-caen.fr

Chronologie

1918
Défaite de l'Allemagne et fin de la Première Guerre mondiale.

1920-1930
Création du parti « Nazi », parti national-socialiste allemand des travailleurs (*National Sozialistische Deutsche Arbeiter Partei* : NSDAP).

1930
Crise économique mondiale. Forte poussée du chômage en Allemagne.

1932
13 mars : Hindenburg est réélu président du *Reich* (53 %), mais Hitler obtient 37 % des voix.

30 août : Hermann Goering, second d'Hitler au parti, est élu président du *Reichstag* (assemblée des députés).

1933
30 janvier : Hitler est nommé chancelier du *Reich* (chef du gouvernement) par le président Hindenburg. Les nazis sont encore minoritaires.

4 février : décret supprimant la plupart des garanties constitutionnelles.

27 février : incendie du *Reichstag*. Vague d'arrestations, suivie de l'ouverture, improvisée, des premiers camps de concentration (une centaine) gérés par la SA.

5 mars : élections parlementaires. Le parti national-socialiste (NSDAP) obtient 43 % des voix.

20 mars : ouverture du camp de concentration d'Oranienburg près de Berlin.

21 mars : annonce de l'ouverture du camp de concentration de Dachau, près de Munich.

26 avril : création de la Gestapo par Goering en Prusse.

Mars à juillet : suppression progressive de tous les partis politiques, associations et syndicats non nazis.

10 mai : destruction par le feu de livres interdits par le régime nazi (autodafés).

Juin : composition du « *Moorsoldatenlied* » devenu « le Chant des marais », puis le chant des déportés.

14 juillet : le parti nazi devient parti unique. Loi de déchéance de la nationalité allemande des opposants réfugiés à l'étranger.

Octobre : le commandant du camp de Dachau, le SS Eicke, édicte un règlement intérieur qui sera mis en vigueur dans tous les camps.

24 novembre : loi autorisant l'internement des détenus — droits communs, asociaux, marginaux — dans les camps de concentration.

1934
2 août : mort du maréchal Hindenburg ; Hitler devient président du *Reich* avec le titre de *Reichsführer*.

30 juin : élimination des SA par les SS au cours de la « nuit des longs couteaux » et assassinat de leurs principaux chefs. Les SS prennent le contrôle du système concentrationnaire, sous l'autorité d'Himmler.

1935
Mars : création de l'Inspection générale des camps (IKL) à Sachsenhausen. (9 000 détenus allemands sont alors recensés).

15 septembre : lois antisémites de Nuremberg.

1936
20 avril : unification de la Gestapo sous l'autorité d'Himmler.

18 juillet : putsch du général Franco, début de la guerre civile en Espagne.

Août : jeux olympiques à Berlin.

24 novembre : le Prix Nobel de la Paix est décerné à l'écrivain et journaliste allemand Carl von Ossietzky, détenu en camp de concentration.

1937
30 janvier : Hitler déclare devant le *Reichstag* que les détenus des camps de concentration seront soumis au travail forcé.

16 juillet : ouverture du camp de concentration de Buchenwald, près de Weimar.

1938
12 mars : annexion de l'Autriche (*Anschluss*).

3 mai : début de la construction du camp de Flossenbürg, près d'une carrière.

8 août : ouverture du camp de Mauthausen, en Autriche, près d'une carrière de granit.

Automne : construction du camp de femmes de Ravensbrück.

30 septembre : accords de Munich livrant au *Reich* la partie du territoire tchécoslovaque dite des « Sudètes ». Début d'arrivée dans les camps de détenus d'origine étrangère.

9-10 novembre : pogrom de la « nuit de cristal » contre les Juifs, envoyés massivement en camp de concentration où sont exercées des pressions pour les contraindre à émigrer.

Fin 1938 : les détenus des camps de concentration reçoivent les premières tenues rayées.

1939
15 mars : les troupes allemandes envahissent la partie tchèque de la Tchécoslovaquie.

31 mars : fin de la guerre d'Espagne. De nombreux républicains espagnols se réfugient en France.

23 août : signature du pacte de non-agression germano-soviétique.

1er septembre : début de la seconde guerre mondiale. Offensive allemande contre la Pologne et internement massifs de Polonais dans les camps de concentration.

Septembre : création du camp de Stutthof près de Gdansk.

27 septembre : capitulation de la Pologne.

1940

9 avril : invasion du Danemark et offensive contre la Norvège.

Mai : en territoire polonais annexé, ouverture du premier camp de concentration d'Auschwitz pour les résistants et opposants polonais.

10 mai : invasion de la Belgique et des Pays-Bas. Début de l'offensive contre la France.

14 juin : occupation de Paris.

17 juin : discours de Pétain appelant à cesser le combat.

18 juin : de Londres, appel du général de Gaulle à poursuivre la lutte.

22 juin : armistice franco-allemand. La France est coupée en deux zones (nord : occupée et sud : non occupée).

11 juillet : Pétain devient chef de l'État français. Le mot « république » disparaît.

2 août : construction du camp de Gross-Rosen en Basse Saxe.

24 octobre : internement de Juifs allemands réfugiés en France, au camp de Gurs (Pyrénées).

15 novembre : création et isolement du ghetto de Varsovie.

1941

6 avril : invasion de la Yougoslavie et de la Grèce.

29 mai : premières rafles de Juifs à Paris.

1er juin : ouverture, près d'une carrière, du camp de Natzweiler-Struthof, en Alsace annexée.

22 juin : offensive allemande contre l'URSS (opération Barbarossa).

Juillet : ouverture du camp de Maïdanek dans les environs de Lublin.

Août : création du camp d'internement de Drancy en France.

3 septembre : premiers gazages testés à Auschwitz sur des prisonniers soviétiques et des malades.

8 octobre : création du complexe d'Auschwitz II-Birkenau, camp de concentration et d'extermination.

Novembre : construction des camps d'extermination de Chelmno (entré en service dès décembre) et de Belzec (mis en service en mars 1942).

1942

20 janvier : conférence de Wannsee sur la mise en œuvre de la « solution finale du problème juif ».

mars : construction du camp d'extermination de Sobibor (entré en fonction en avril).

16-17 juillet : rafle du Vél d'Hiv à Paris (13157 Juifs, dont 4000 enfants).

6 août : début de la déportation des Juifs étrangers de la zone française non occupée.

15 septembre : décision d'employer les détenus des camps de concentration dans les usines d'armement du *Reich*. Implantation de nombreux *Kommandos* près des usines.

Novembre : débarquement allié en Afrique du Nord et occupation de la zone sud de la France par les Allemands.

1943

2 février : victoire soviétique à Stalingrad.

Avril : les camps de concentration comptent plus de 160000 détenus.

19 avril : révolte du ghetto de Varsovie.

27 mai : création en France du Conseil National de la Résistance (CNR) présidé par Jean Moulin.

Août : 224000 détenus dans les camps de concentration.

8 septembre : armistice entre l'Italie et les Alliés.

1944

6 juin : débarquement allié en Normandie.

Juillet : les camps de concentration comptent 612000 détenus.

20 juillet : attentat manqué contre Hitler. Terrible répression.

15 août : débarquement des Alliés et des Français en Provence.

17 août : le dernier convoi de déportés quitte la France.

19-24 août : libération de Paris.

Septembre : le camp de Natzweiler-Struthof en Alsace est vidé par les SS avant l'arrivée des Alliés.

7 octobre : révolte (noyée dans le sang) du « *Sonderkommando* » du Crématoire IV à Auschwitz-Birkenau.

1er décembre : les SS détruisent les chambres à gaz d'Auschwitz pour effacer les traces du génocide.

1945

Janvier à avril : évacuation des camps de concentration devant l'avance des Alliés et mise en route des convois et « marches de la mort ».

27 janvier : les Soviétiques libèrent Auschwitz.

Avril à mai : libération de tous les camps de concentration par les Alliés et révélation au monde de l'horreur concentrationnaire.

30 avril : suicide d'Hitler.

7-8 mai : capitulation de l'Allemagne nazie.

20 novembre 1945 au 1er novembre 1946 : procès de Nuremberg : première définition de la notion de crime contre l'Humanité.

Lexique

APATRIDE : qui n'a pas de patrie.

ARYEN : terme utilisé — sans aucun fondement scientifique — par les nazis pour désigner les populations blanches nordiques.

ASOCIAL : qui n'est pas adapté à la vie en société selon la conception nazie.

BUNKER : prison comportant des cachots et des salles de torture à l'intérieur d'un camp.

CHANCELIER : chef du gouvernement en Allemagne.

DIKTAT : décision imposée par le plus fort, notamment dans les relations entre pays.

EUTHANASIE : usage de procédés qui permettent d'anticiper ou de provoquer la mort.

GÉNOCIDE : du grec *genos* (la race) et du latin *caedare* (tuer). Extermination d'un groupe ethnique, religieux, national. Le terme « *Shoah* » (« catastrophe » en hébreu) est souvent employé pour évoquer l'extermination des Juifs d'Europe.

GHETTO : quartier rassemblant et isolant les Juifs du reste de la population dans certaines villes de l'Est de l'Europe occupée par l'Allemagne nazie. Les nazis imposèrent des réglementations cruelles.

HAUPTSTURMFÜHRER : équivalent SS du grade de capitaine.

KAPO : chef, détenu chargé de commander les autres détenus.

KOMMANDO : double signification.
a) sous-camp d'un grand camp de concentration ;
b) équipe de travail forcé composée de déportés.

PROMULGUER : rendre applicable une loi en déclarant officiellement son existence.

PROPAGANDE : information donnée de façon systématique pour faire accepter certaines idées ou doctrines.

PROXÉNÉTISME : activité illicite qui consiste à tirer profit (des revenus) de la prostitution ou à la favoriser.

REICH : empire. Hitler disait que le grand *Reich* allemand devait durer mille ans.

SOLUTION FINALE : extermination de tous les Juifs d'Europe par les nazis.

SS *(SCHUTZSTAFFELN)* : troupes de protection d'Hitler. Les SA (*Sturmabteilung*) sont les sections d'assaut, première formation paramilitaire, supprimées en 1934 par Hitler.

TÉMOINS DE JÉHOVAH : groupe religieux pour qui la Bible est la seule source de vérité.

V1 ET V2 : de l'allemand *Vergeltungswaffen* (armes de représailles). Nom des missiles allemands, guidés, de longue portée, capables d'atteindre la France et l'Angleterre depuis le territoire allemand durant la Seconde Guerre mondiale.

ZONE NORD : zone occupée par les Allemands à la suite des clauses de l'armistice de 1940.

ZYKLON B : gaz utilisé par les nazis pour exterminer les Juifs dans les chambres à gaz.

Table des matières

Bref historique… 5
- La défaite allemande de 1918
- Le traité de Versailles
- Hitler accède au pouvoir
- La dictature nazie
- Une idéologie raciste
- Les instruments de la dictature

Le système concentrationnaire 10
- L'histoire des camps
- Les camps de concentration
- Les camps d'extermination

L'organisation hiérarchique des camps 14
- La hiérarchie SS
- La hiérarchie chez les détenus

La déportation 16
- Le voyage
- L'arrivée

La vie dans les camps 18
- Le réveil
- L'appel
- Le travail
- La faim
- Les maladies
- Les expériences médicales
- Les punitions
- Et malgré tout… la résistance et la solidarité

Les détenus 24
- Les détenus politiques
- Les détenus de droit commun
- Les déportés « NN »
- Les Juifs
- Les Tsiganes
- Et tant d'autres encore…

Le sort des femmes et des enfants 27
- Les femmes
- Les enfants

La déportation partie de France 29
- Les résistants
- Les Juifs

Les principaux camps 30

Quelques camps… 32
- Dachau
- Oranienburg-Sachsenhausen
- Buchenwald
- Mauthausen
- Ravensbrück
- Auschwitz

La fin des camps 38
- Les marches de la mort
- La libération des camps

Le procès de Nuremberg 42

Adresses utiles 43

Chronologie 44

Lexique 46

Dans la même collection : « Raconte-moi… »

LA MAIRIE, LA RÉPUBLIQUE, LA POSTE, L'ÉGLISE, LA GENDARMERIE, LA POLICE, LES SAPEURS-POMPIERS, LE CITOYEN, LE PRÉSIDENT DE LA RÉPUBLIQUE, LA TÉLÉVISION, LE PRÉFET, LES NATIONS UNIES, LE CONSERVATOIRE DU LITTORAL, LE SÉNAT, L'ASSEMBLÉE NATIONALE, L'AMBASSADEUR ET LE CONSUL, LA GARDE RÉPUBLICAINE, LES STUPS, LE PARLEMENT EUROPÉEN, LE TRAIN, LES AVIONS DE COMBAT FRANÇAIS, L'EAU, LA DÉFENSE CITOYENNE, LE CONSEIL GÉNÉRAL, L'INSTITUT DE FRANCE, LA CHASSE, LA PÊCHE, L'EURO, L'HÔTEL NATIONAL DES INVALIDES, L'ORDRE DE MALTE, LE MÉDIATEUR DE LA RÉPUBLIQUE, L'ISLAM, AMNESTY INTERNATIONAL, LE TROTTEUR FRANÇAIS, LE GIGN, LA PRÉFECTURE DE POLICE, LES SOUS-MARINS, L'UNESCO, LA CROIX-ROUGE, LE CONSEIL CONSTITUTIONNEL, LE PATRIMOINE MONDIAL, L'ESCADRON MOTOCYCLISTE DE LA GARDE RÉPUBLICAINE, LE SAUVETAGE EN MER, LA LÉGION D'HONNEUR.

Photos

© AFP : pp. 5, 42
© Association de Buchenwald : pp. 18-bd, 19-b, 22-b, 24-h, 40-hg
© Collection Duriez : pp. 32-h (C. Duriez), 36-f (L. Damiani)
© CDJC : pp. 16, 25-b, 37
© DMPA : pp. 7, 8-m, 9, 33-b
© FMD : pp. 2, 30-31
© FNDIRP : pp. 6-d, 13-b, 20-d, 22-h, 28-b, 33-h, 34-h, 35-b, 41
© Hulton Archive : p. 4
© Musée de la Résistance et de la Déportation de Besançon : pp. 15-b, 17-h,
© Musée de la Résistance nationale de Champigny : p. 6-g
© Maurice de la Pintière : pp. 11, 13-h, 23-h, 24-b, 39
© UNADIF : pp. 12, 13-d, 17-m-b, 18-h, 19-h, 20-g, 21-h, 23-b, 27, 28-h-m, 34-b, 35-h, 36-m, 38, 40-hd-bg-bd
© USHMM : p. 10
© Yad Vashem : pp. 15-h, 18-bg, 19-m, 21-m, 23-m, 25-m, 29-b

Imprimé en France par Kapp Lahure Jombart, Évreux - avril 2003
pour le compte de Nouvelle Arche de Noé Éditions©

Photogravure : Joffrin, Paris

Mise en pages : Mary-Astrid Doron

Illustration de couverture : Maurice de la Pintière

Collection du citoyen, sur une idée de Jean-Loup Mayol.

Dépôt légal : 04/2003
Loi n° 49-956 du 16.7.1949 sur les publications destinées à la jeunesse.